RÉPARATION

ACCORDÉE AU DOCTEUR CLOT-BEY

AU SUJET D'UNE DIFFAMATION

Consignée à la page 13 du 2me volume (1re édition) d'un ouvrage publié

PAR M. EDMOND LAFOND

Et intitulé : ROME, LETTRES D'UN PÈLERIN.

❦

MARSEILLE

TYPOGRAPHIE ET LITHOGRAPHIE ARNAUD, CAYER ET Cie

Rue Saint-Ferréol, 57

1867

RÉPARATION

ACCORDÉE AU DOCTEUR CLOT-BEY

AU SUJET D'UNE DIFFAMATION

Consignée à la page 13 du 2me volume (1re édition) d'un ouvrage publié

PAR M. EDMOND LAFOND

Et intitulé : ROME, LETTRES D'UN PÈLERIN.

MARSEILLE

TYPOGRAPHIE ET LITHOGRAPHIE ARNAUD, CAYER ET Cte
Rue Saint-Ferréol, 57

—

1867

RÉPARATION

ACCORDÉE AU DOCTEUR CLOT-BEY

AU SUJET D'UNE DIFFAMATION

Consignée à la page 13 du 2ᵉ volume (1ʳᵉ édition) d'un ouvrage publié

PAR M. EDMOND LAFOND

Et intitulé : ROME, LETTRES D'UN PÈLERIN.

Me trouvant à Rome, en 1853, j'assistai, le jour de la Chandeleur, aux cérémonies religieuses qui eurent lieu dans l'église de Saint-Pierre. J'étais dans la tribune de l'ambassadeur de France. Comme je venais d'Egypte, j'avais conservé mon brillant costume turc, lequel était rehaussé encore par les nombreuses décorations étalées sur ma poitrine.

Tous les yeux se portèrent de mon côté, et, je dois le dire, j'étais loin, en ce moment d'imaginer les suites désagréables qui devaient en résulter pour moi.

Dans la foule, qui assistait ce jour-là aux cérémonies pontificales, se trouvait un certain écrivain, nommé Edmond Lafond, dont je ne soupçonnais pas même l'existence et avec lequel je ne devais pas tarder d'avoir un démêlé des plus fâcheux.

Voici ce qui arriva : M. Edmond Lafond, m'ayant vu dans mon costume turc, ayant appris que j'étais Bey et que cette dignité n'avait jamais été accordée qu'à des Musulmans, s'imagina que j'avais apostasié ma religion, et, de retour à Paris, dans un ouvrage intitulé : *Rome, lettres d'un pèlerin*, publié en 1856, chez Ambroise Bray, rue des Saints-Pères, 66, il écrivit sur mon compte les lignes suivantes :

« Il y avait là un renégat, qui ne put se mêler dans les rangs des fidèles, étant devenu infidèle. C'était Clot-Bey, médecin français du Pacha d'Egypte. L'apostat, s'il a encore du cœur, dut avoir d'étranges sensations dans Saint-Pierre.

« Ce temple l'importune, et son impiété

« Voudrait anéantir le Dieu qu'il a quitté. »

Si M. Lafond n'avait pas agi avec une légèreté impardonnable, avant de traiter quelqu'un d'une manière si indigne, il aurait dû prendre ses informations. J'avais à Rome un grand nombre de connaissances. J'étais membre de plusieurs académies médicales et scientifiques de la capitale du monde chrétien. Si l'auteur des *Lettres d'un pèlerin* avait voulu se donner la moindre peine, il aurait appris que Mehemet-Ali m'avait fait Bey, en récompense des services signalés que j'avais rendus à la population de l'Egypte, pendant les épidémies de choléra et de peste qui avaient ravagé ce pays. Il aurait appris également que je n'avais accepté cette dignité qu'à la condition expresse de pouvoir rester fidèle à ma religion, et que j'étais le premier chrétien auquel un souverain musulman ait accordé une pareille faveur.

D'ailleurs son simple bon sens devait lui apprendre que je n'avais pas apostasié. Comment un apostat aurait-il reçu, par exemple, les croix de commandeur des ordres pontificaux de Grégoire XVI et de Pie IX? Comment un apostat viendrait-il s'afficher à Rome en pleine basilique de Saint-Pierre? Enfin s'il avait voulu y mettre la moindre bonne volonté, il aurait appris, M. Lafond, que j'avais été reçu à diverses reprises, par le Souverain Pontife, de la manière la plus flatteuse, par suite des services que ma position m'avait permis de rendre aux populations catholiques de l'Orient. Ce n'était pas du reste la première fois que je venais à Rome ; j'y étais venu sous Grégoire XVI, et ce pontife, ainsi que S. S. Pie IX, m'avait comblé de ses titres et de ses faveurs

M. Edmond Lafond commit donc, par une imprudence inqualifiable, l'acte de diffamation le plus grave dont on puisse se rendre coupable envers un homme. Cependant le fait ne vint à ma connaissance qu'un an après la publication des *Lettres d'un pèlerin*. Ce fut un de mes amis qui, ayant lu cet ouvrage, m'en communiqua, lors de mon retour définitif de l'Egypte, le passage où j'étais si indignement offensé. En présence d'un fait de ce genre, mon honneur outragé ne me permettant pas de rester indifférent, j'écrivis à M. Crémieux, le célèbre avocat de Paris, pour lui exposer ce qui s'était passé et lui demander de diriger des poursuites contre le diffamateur.

Je m'adressai à M. Crémieux, de préférence à tout autre, parce que je l'avais beaucoup connu lorsqu'il vint en Egypte, au nom d'une commission Israélite, pour implorer la grâce du Pacha en faveur de seize de ses coreligionnaires qui se trouvaient compromis dans l'assassinat d'un religieux capucin, le père Thomas, tué par des Juifs de Damas, le 14 février 1840.

M. Crémieux m'étant recommandé par de hauts personnages de mon pays, je mis à sa disposition ma maison du Caire ; il s'y installa avec sa femme et y resta plus d'un mois. J'eus pour lui tous les égards et toutes les prévenances possibles. Je fis plus encore pour mon illustre compatriote ; je me fis son intermédiaire auprès de Mehemet-Ali, qui lui accorda la grâce des seize Israélites de Damas. Enfin je rendis à M. Crémieux tous les services dont il put avoir besoin pendant son séjour en Egypte, et je lui aplanis bien des difficultés au sujet des écoles qu'il fonda pour les enfants de ses coreligionnaires.

M. Crémieux, m'ayant fait, à son départ, ses offres de bons offices et ses protestations de dévouement, je ne crus pas devoir m'adresser à un autre qu'à lui dans l'affaire qui m'était suscitée par l'ouvrage de M. Lafond.

Aussi, dès que cet écrit parvint à ma connaissance, j'adressai à M. Crémieux une lettre en date du 19 juin

1857, où après lui avoir exposé le sujet de ma démarche, je lui disais ce qui suit :

« ..... Vous devez bien comprendre, mon cher avocat, que la diffamation de M. Lafond a dû m'être sensible, et, si j'avais suivi mon premier mouvement, je serais allé prouver à cet écrivain que je suis véritablement un homme de cœur. La réflexion et les sollicitations de ma famille m'ont retenu ; mais jugez de l'indignation et de la peine des miens, car vous savez que je suis allié aux noms les plus respectables et aux familles qui professent des sentiments très catholiques. Je suis pleinement dans ces sentiments, et, alors même qu'il n'en serait point ainsi, je ne m'accommoderais jamais des épithètes de renégat et d'apostat, moi qui suis le premier chrétien élevé à la dignité de Bey, qui ai toujours été le protecteur de mes coreligionnaires, en Egypte, et que, pour ces causes, la Cour de Rome a comblé de titres et de décorations.

« Il ne s'agit point ici d'une calomnie verbale ou consignée dans une simple lettre, mais bien dans un ouvrage destiné à la publicité. On ne conçoit pas qu'avant d'écrire des paroles aussi violentes, M. Edmond Lafond n'ait pas pris des informations. Et comment a-t-il pu penser qu'un renégat aille à Rome assister à une cérémonie religieuse! D'ailleurs, pour peu qu'il se fût informé, il eût eu connaissance de l'accueil tout paternel que je venais de recevoir du Souverain Pontife et des faveurs dont la Cour de Rome m'a comblé ; car Grégoire XVI et Pie IX m'ont revêtu de tous leurs ordres et donné des titres de noblesse héréditaire.

« Je vous prie de vouloir faire appeler M. Edmond Lafond à votre cabinet et de lui signifier, de la manière la plus formelle, ce que j'exige comme réparation de sa conduite odieuse à mon égard. Dans le cas où il refuserait de me donner une satisfaction si légitime, je vous autorise à l'attaquer comme calomniateur, et à requérir contre lui la rigueur des lois.

« J'espère, mon digne ami, que vous prendrez cette affaire à cœur. Ma cause est juste; je la confie à l'ami dévoué, autant qu'à l'avocat illustre.

« Dans cette confiance, veuillez agréer l'assurance des sentiments les plus distingués de votre tout dévoué. »

Voici la réponse que je reçus de M. Crémieux :

« Paris, 21 juin.

« Mon cher ami,

« Je vais faire demander chez M. Ambroise Bray, la demeure de M. Edmond Lafond ; s'il est à Paris, je réclamerai de lui, sans retard, la trop légitime satisfaction que vous demandez. S'il ne l'accorde pas, il recevra une sommation d'avoir à déférer à cette demande si modérée, à défaut il recevra une assignation en police correctionnelle.

« Je n'ai pas besoin de vous dire que cette abominable insulte ne restera pas, devant les tribunaux (si le procès a lieu), sans une éclatante réparation. C'est quelque chose de bien déplorable que ces diffamations publiques, jetées à la face des hommes les plus honorables, avec une légèreté, une audace qu'on semble trouver toute simple, toute naturelle.

« Je vous tiendrai au courant de ce qui va se passer entre votre diffamateur et moi. Je ne veux pas rester un jour sans répondre à votre lettre, je conçois votre impapatience.

« L'avocat et l'ami vous protégeront vous et votre honneur, avec le dévouement que vous avez droit de réclamer à tous les titres.

« A. Crémieux.

« *P. S.* On vient de me donner l'adresse de M. Lafond à Paris et à la campagne. Je vais lui écrire à ses deux adresses à l'instant même. »

L'auteur des *Lettres d'un pèlerin*, se trouvait, pour lors, à la campagne. M. Crémieux lui écrivit, demandant, en réparation de l'offense qui m'avait été faite, une lettre d'excuse dans quatre journaux de la capitale, et la confection d'un *carton* pour remplacer les pages 13 et 14, dans tous les exemplaires qui étaient encore à sa disposition.

M. Edmond Lafond, s'empressant d'accepter une réparation aussi légère, promit tout ce qu'on voulut et envoya à mon avocat le projet de lettre suivant qu'il allait adresser au journal l'*Univers :*

« Monsieur le Rédacteur,

« Dans un ouvrage intitulé *Rome, lettres d'un pèlerin,* dont l'*Univers* a rendu compte, j'ai parlé de Clot-Bey, médecin français de Mehemet-Ali, comme ayant abandonné sa foi. J'apprends de source certaine que j'ai été induit en erreur, et qu'on m'avait assuré, à tort, que ce titre musulman de *Bey*, entraînait l'apostasie de celui qui l'acceptait. Je suis très-heureux d'apprendre et de pouvoir répéter que Clot-Bey a toujours gardé notre foi, et je m'empresse de réparer, par la voie de votre journal l'erreur involontaire dans laquelle on m'a fait tomber.

« Edmond Lafond. »

La lettre précédente, destinée à la publicité, n'était pas de nature à satisfaire pleinement mon honneur outragé. Elle était conçue en des termes dont l'énergie ne répondait pas à la grandeur de l'offense. M. Crémieux comprit que j'étais en droit d'obtenir une réparation plus formelle. Voulant donc tracer à M. Edmond Lafond la ligne de conduite que ce dernier devait suivre pour réparer autant que possible l'insulte dont il s'était rendu coupable, il lui écrivit la lettre suivante, dont copie me fut immédiatement transmise :

Monsieur Crémieux à M. Edmond Lafond.

« Paris, le 25 juin.

« Monsieur,

« La lettre que vous avez le projet d'adresser à l'*Univers* m'inspire les réflexions suivantes : vous ne vous êtes pas borné à *parler de Clot-Bey, médecin français de Mehemet-Ali, comme ayant abandonné sa foi.* Vous l'avez traité de *renégat, d'apostat,* vous l'avez comparé à *Nathan, l'infâme déserteur des autels du vrai Dieu,* comme l'appelle *Abner* ; vous lui avez appliqué les deux vers terribles de Racine :

« Ce temple l'importune, et son impiété
« Voudrait anéantir le Dieu qu'il a quitté. »

« Et vous vous bornez à dire *que vous avez parlé de lui comme ayant abandonné sa foi.*

« Ce n'est pas ainsi qu'on reconnaît un tort si immense ; la conscience d'un honnête homme sent le besoin de le réparer avec autant de feu qu'elle avait senti le besoin de flétrir l'apostasie. Vous ajoutez : *J'avais été induit en erreur, et l'on m'avait assuré à tort* que le titre de Bey entraînait l'apostasie. *Induit en erreur* devant une accusation si violemment posée, est une expression inadmissible et *l'on m'avait assuré à tort* n'est pas une excuse devant vos cruelles paroles.

« Pour moi, Monsieur, si j'avais eu le malheur de frapper un homme honorable, je n'aurais pas de termes assez vifs pour lui en présenter mes excuses les plus humbles. J'adresserais au journal l'*Univers* une lettre que j'aurais, avant tout, adressée à l'homme si injustement insulté. Permettez-moi de jeter ici un modèle de lettre, que *je ne vous impose pas*, mais qui vous montrerait aux yeux de tous, sous l'aspect le plus convenable et le plus digne. L'*Univers* contiendrait ces mots :

« M. Edmond Lafond dans son ouvrage intitulé : *Rome, lettres d'un pèlerin*, dont nous avons rendu compte, avait eu, par une erreur déplorable, le malheur d'accuser Clot-Bey d'apostasie et son indignation contre celui qu'il croyait être un renégat, s'était manifestée dans des expressions d'une généreuse colère. A son retour d'Egypte, Clot-Bey qui vient de lire le passage du livre qui le concerne, écrit à un de ses amis une lettre pleine de dignité dans laquelle il demande à la loyauté de l'écrivain une réparation publique de cette injuste accusation qu'il regarde comme une flétrissure. Clot-Bey, non-seulement n'a pas abdiqué sa foi, mais il s'est allié à Marseille, par le plus honorable mariage, avec une famille d'une haute piété ; lui-même est décoré des ordres du Christ, de Saint-Grégoire, de Pie IX, et quand il assistait, dans la basilique de Saint-Pierre, aux cérémonies de la Chandeleur, il venait de recevoir de S. S. l'accueil le plus paternel. M. Edmond Lafond s'est empressé d'écrire à M. Clot-Bey la lettre suivante qu'il nous prie et que nous nous faisons un devoir d'insérer dans notre journal. »

« A Clot-Bey, à Marseille.

« Monsieur,

« Je reçois communication d'une lettre adressée par vous à un de vos amis et renfermant des plaintes trop légitimes sur les expressions dont j'ai eu le malheur de me servir à votre égard dans mon ouvrage intitulé : *Rome, lettres d'un pèlerin*. J'apprends avec bonheur que, loin d'avoir abdiqué la foi catholique, vous vous êtes allié avec une famille d'une piété exemplaire. Vous avez bien raison de croire que, homme d'honneur, je ne résisterai pas à la demande de réparation qui m'est faite par un homme d'honneur. J'avais cru, par erreur, que le titre de Bey n'était donné qu'à des musulmans, et qu'en conséquence il entraînait l'apostasie ; et mon indignation contre l'apostasie avait été d'autant plus vive, que je l'attribuais à un homme haut placé dans la science, donnant ainsi un triste et fatal exemple.

« Je me hâte de désavouer mes paroles et de vous adresser, avec toute la loyauté dont je suis capable, les plus sincères excuses. Je donne aujourd'hui même l'ordre d'imprimer un carton pour faire disparaître de mon ouvrage le passage qui vous concerne aux exemplaires non encore vendus. J'adresse à l'*Univers*, et je ferai reproduire dans les *Débats*, dans le *Constitutionnel* et dans la *Presse*, cette lettre que je voudrais rendre plus explicite encore et qui vous apportera, Monsieur, avec tous mes regrets, l'expression de ma sincère estime et de ma plus haute considération. »

« Voilà, Monsieur, comment je comprends cette réparation. Elle vous élèvera certainement aux yeux des lecteurs, et Clot-Bey n'aura plus, en oubliant un outrage immérité, qu'à reconnaître hautement que la satisfaction est égale à l'offense et que l'honnêteté de l'homme est à la hauteur du talent de l'écrivain.

« Recevez, Monsieur, etc.

« Signé : CRÉMIEUX. »

Les termes suggérés par M. Crémieux furent acceptés. M. Edmond Lafond fit paraître cette lettre dans quatre journaux, avec quelques modifications, plutôt dans la forme que dans le fond. Ainsi, après les mots : « J'apprends avec bonheur, que loin d'avoir abdiqué votre foi » il ajouta : « *Vous avez rendu en Egypte de grands services à la religion, services récompensés par d'honorables distinctions de la part des Souverains Pontifes Grégoire XVI et Pie IX.* »

Il s'engagea de plus, d'une manière formelle, à faire confectionner un *carton*, pour rectifier tous les exemplaires qui étaient encore dans les magasins de son éditeur.

Cette réparation parut suffisante à M. Crémieux.

Pour moi, j'avoue, qu'ayant ressenti fortement la violence de l'injure, j'aurais désiré un désaveu plus complet et des excuses plus humbles.

En effet, pouvais-je accepter comme une réparation complète, une simple lettre insérée dans quelques journaux ; pouvais-je me contenter d'une rectification illusoire, alors que, sur mille exemplaires imprimés, cinq cents environ, avaient été vendus dans les provinces et à l'étranger, et que ces ouvrages répandus partout, propageaient une erreur infiniment affligeante sur mon compte ?

L'éditeur même qui était chargé de la correction des exemplaires non vendus, s'en acquitta avec assez de négligence. Je pus m'en convaincre moi-même, car, étant venu à Paris, deux mois après les promesses de M. Ed. Lafond, je me présentai chez son éditeur et j'y trouvai des exemplaires que l'on ne se faisait aucun scrupule de vendre, sans y avoir rien changé. J'en ai éprouvé une indignation telle que je me suis pris à regretter que M. Crémieux n'ait pas tout d'abord porté la cause en justice où j'aurais obtenu, sans doute, une réparation plus éclatante.

J'écrivis sur le champ à M. Ed. Lafond pour lui faire mes justes plaintes sur le peu de soin apporté dans l'accomplissement de la réparation qu'il me devait.

Voici la fin de la lettre que j'adressai le 2 septembre à l'auteur des *Lettres d'un pèlerin* :

« ..... Je crois pouvoir, Monsieur, vous renvoyer avec juste raison l'épithète dont vous vous êtes servi à mon égard : *si vous avez encore du cœur*, et j'ajouterai si vous avez vous-même de la conscience, de l'honneur, vous ferez tout ce qui dépendra de vous pour rendre aussi complète que possible la réparation que vous devez à un homme honorable, car je ne dois pas laisser sur mon nom et sur celui de mes enfants, une tache d'infamie que votre ouvrage transmet à la postérité.

« Ce que vous deviez faire, le voici : écrire à tous ceux à qui vous avez envoyé votre ouvrage, pour démentir ce que vous dites d'injurieux contre moi dans la page 13 du IIme volume ; enjoindre à votre libraire d'envoyer le carton que vous avez fait imprimer à ceux de ses collègues chez qui il en a expédié des dépôts.

« Quant à moi, Monsieur, si javais eu le malheur de me trouver dans le même cas que vous, non seulement j'aurais fait tout ce que je vous indique, mais en homme de cœur, je me serais cru obligé de faire des excuses à celui que j'aurais si gratuitement calomnié.

« Je quitte Paris avec le regret de n'avoir pu vous rencontrer pour vous exprimer de vive voix toute mon indignation ; je vous déclare que partout où mes amis et moi trouverons votre ouvrage, nous en déchirerons la page 13, mission que vous aurez dû vous donner vous-même, au lieu de vous livrer paisiblement et sans remords aux douceurs de la campagne. »

M. Ed. Lafond avait déjà reçu avis, par M. Crémieux, de l'existence d'exemplaires non corrigés, dans les magasins de l'éditeur. Il s'en excusa dans une lettre qu'il m'adressa en date du 31 août, laquelle ne me parvint cependant qu'après l'envoi de celle que je lui écrivis le 2 septembre suivant. Il s'empressa de m'envoyer une autre lettre que je transcris en entier.

« Au Nozet, ce 3 septembre 1857.

« Monsieur,

« Je m'empresse de répondre à votre lettre du 2 septembre, que je reçois à l'instant. En l'écrivant, vous n'aviez pas sans doute encore reçu ma lettre du 31 août, puisque vous ne m'en parlez pas ; ignorant votre adresse à Paris, j'avais chargé quelqu'un de la chercher pour vous remettre ma lettre, que, pour plus de sûreté, je vous ai adressée en double à Marseille.

« Dans cette lettre, que vous avez maintenaut entre les mains, je vous expliquais, Monsieur, comment c'était malgré mes ordres réitérés que mon éditeur avait encore, chez lui, quelques exemplaires non corrigés, ce dont je l'ai sévèrement blâmé, et ce qui ne se renouvellera plus à l'avenir.

Dans cette même lettre, je vous renouvelais, Monsieur, et je vous renouvelle de nouveau mes regrets et mes vives excuses, pour l'erreur déplorable, dans laquelle je suis tombé à votre égard, ayant eu le malheur, dans un livre intitulé : *Rome, lettres d'un pèlerin*, (tome II, page 13), de parler de vous comme d'un renégat, trompé que je le fus par ce haut titre de Bey qu'on m'avait assuré n'être accordé qu'à des musulmans, tandis que la vérité est que c'est vous, Monsieur, j'aime à le répéter, qui, le premier, par une glorieuse exception, avez obtenu cette haute position, tout en gardant votre foi, et rendant en Egypte d'immenses services à notre religion ; aussi le Souverain

Pontife s'est-il plu à vous donner des marques de son estime, et à vous accorder des faveurs méritées, qui sont
un titre de gloire pour vous et vos enfants.

« Dès que j'eus connaissance de ma déplorable erreur,
je n'ai rien eu de plus à cœur que de la réparer, selon
mon pouvoir, en chrétien et en homme d'honneur. Vous
le savez, Monsieur, j'ai accédé avec empressement à tout
ce que M. Crémieux, dans ses lettres, m'a demandé de
votre part ; j'ai accepté les termes mêmes de la lettre qu'il
m'a proposée, et que j'ai fait insérer, il y a deux mois,
dans l'*Univers*, le *Constitutionnel*, la *Presse* et les *Débats*.
En même temps, j'ai fait imprimer un *carton* pour remplacer le passage en question, telles étaient vos réclama-
tions par l'organe de M. Crémieux.

« Rien ne m'a coûté, Monsieur, et rien ne me coûtera,
pour compléter, selon mon pouvoir, la réparation que je
vous dois. Aussi je souscris, de tout mon cœur, aux nou-
veaux désirs que vous me témoignez dans votre lettre.

« D'abord vous me demandez d'écrire à tous ceux à qui
j'ai envoyé mon ouvrage, pour démentir ce que j'ai écrit
sur vous ; je l'ai déjà fait, pour un grand nombre, et je
vais le faire pour les autres, autant que possible ; j'ai pré-
venu vos désirs, en écrivant à Rome, à un ecclésiastique
bien placé, et à un membre de la Société Romaine, pour
les prévenir de mon erreur, et les prier d'en parler à tous
ceux qu'ils connaîtraient avoir lu mon ouvrage.

« Mon éditeur m'a assuré naguère qu'il n'avait pas fait
de dépôts chez ses confrères ; je ne vais pas moins lui or-
donner de leur envoyer le *carton*, dans le cas où ils au-

raient quelques exemplaires. Je ne désire pas moins que vous, Monsieur, que toute trace de ce malheureux passage soit anéantie.

« Vous désirez, enfin, Monsieur, une lettre de moi qui puisse, au besoin, vous servir à vous et à vos enfants de document authentique ; je pense que cette lettre, jointe à la précédente et à celle publiée dans les journaux, vous donnera, autant que possible, la complète satisfaction qui vous est due à si juste titre.

« C'est dans ces sentiments, Monsieur, que je vous prie de vouloir bien agréer l'assurance de ma haute considération.

« EDMOND LAFOND. »

Cette lettre mit fin à ce triste débat, mais le souvenir ne s'en effacera jamais de mon esprit. Je puis le dire, cette malheureuse diffamation a été un des chagrins les plus vifs que j'aie ressentis dans ma vie, qui, certes, n'en a pas été exempte !

Une fois l'erreur propagée, accréditée, il est difficile, quelques efforts que l'on fasse, de parvenir à la détruire complètement. La calomnie fait son chemin. Il en reste toujours quelque chose. Ainsi, dernièrement encore, une personne d'un rang distingué, écrivait de Grenoble, ma ville natale, où je devrais être particulièrement connu, ce me semble, pour s'informer s'il n'était pas vrai que j'eusse abdiqué la foi catholique.

Cette lettre est venue, à la fin de ma vie, renouveler ma douleur. Elle m'a forcé, en quelque sorte, de revenir sur une question que j'aurais voulu pouvoir oublier d'une manière complète.

C'est donc, pour témoigner de la vérité et pour conserver pur de toute atteinte mon honneur et celui de ma famille, que j'ai rassemblé ces documents et rappelé le fait qui précède, désirant que tout le monde sache que Clot-Bey, médecin français du Pacha d'Egypte, loin d'avoir apostasié sa religion, est resté, selon la noble devise que lui a donné S. S. Pie IX, en lui décernant le titre héréditaire de comte, *fidèle parmi les infidèles*.

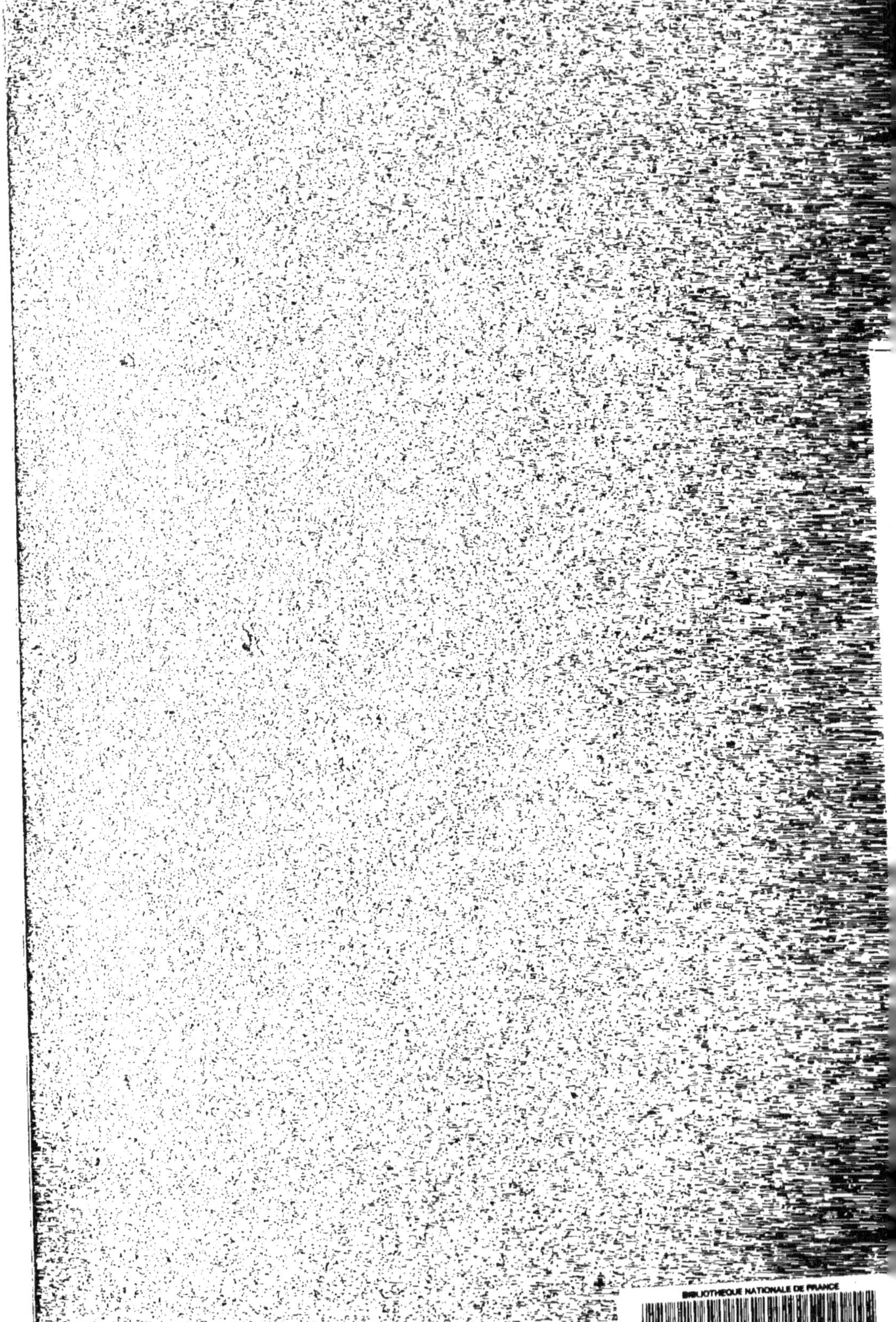